PIERROT - HERBORISTE

OU

LES BERLINGOTS ENCHANTÉS

COMÉDIE - FÉERIE EN VERS

(DEUX ACTES)

Musique de P. Chastan

MEULAN

IMPRIMERIE DE A. MASSON

—

1892

PIERROT-HERBORISTE

OU

LES BERLINGOTS ENCHANTÉS

A SIMONE

—

Je t'offre mon Pierrot, ma petite Simone,
Parce qu'au demeurant c'était un bon garçon,
Étant fils d'une Fée — on l'appelait Françon,
Ou bien Sœur Reguinguette : elle était belle et bonne !
Ta mère est Fée également.
Tes aïeules aussi, car tu naquis coiffée.
Ne laisse donc paraître aucun étonnement
Si quelqu'un devant toi s'écriait : ah ! vraiment !
Ces dames ont des doigts de fée !
Et si tu veux un jour adopter, cher trésor,
Un écu parlant pour ta race,
Fais-le peindre d'azur, plein, en chef un cœur d'or,
Et cinq doigts d'argent en terrasse.

LÉON RIFFARD

La Ferme-à-Cheval, 6 février 1892.

PIERROT - HERBORISTE

OU

LES BERLINGOTS ENCHANTÉS

COMÉDIE - FÉERIE EN VERS

(DEUX ACTES)

MEULAN

IMPRIMERIE DE A. MASSON

1892

PERSONNAGES :

PIERROT.

ARLEQUIN.

ALCOFRIBAS, 1er élève de Pierrot.

LA FÉE CAMOMILLE.

PIERRETTE, Amante de Pierrot.

COLOMBINE, Amante d'Arlequin.

Un Domestique.

Une Paysanne.

Élèves herboristes, Clients.

PIERROT - HERBORISTE

OU

LES BERLINGOTS ENCHANTÉS

ACTE Ier

La scène représente une boutique d'herboristerie avec alcôve au fond.

SCÈNE Ire

*C'est le soir, la boutique est fermée. Au lever du rideau, Pierrot,
assis au comptoir, relève ses comptes.*

PIERROT

Une once, bouillon blanc... une once, fleur de mauve....
Plus, au marmot d'en face, un bâton de guimauve...
Pour rien, bien entendu, — le pauvre chérubin !
Plus, deux onces d'iris à ce drôle, Arlequin.
Plus, un zest de citron à Madame Pierrette...
Plus... et c'est tout, plus rien. Voilà pour la *Recette.*
Cela fait... un, deux, trois, quatre sols, un denier.
C'est maigre. Mieux vaudrait n'être qu'un épicier.
Pourtant, il faut manger, malgré tout, c'est notoire.
Et manger, ce n'est rien, le pis, c'est qu'il faut boire !
Dieu sait si je suis sobre, et si je vis de peu !
J'aime le vin, c'est vrai, je vous en fais l'aveu,

Mais enfin je ne bois jamais que ma chopine ;
Un radis, une noix, voilà pour ma cuisine :
Et je ne parviens pas à joindre les deux bouts !
Voyons donc la *Dépense* : un flacon de vin doux,
Une aune de boudin... Ça, ce n'est pas ma faute.
C'est aujourd'hui lundi, lundi de Pentecôte !
Je ne peux pourtant pas, comme un simple bourgeois,
Moi, Pierrot, en ce jour, déjeuner d'un anchois.
Puis je n'ai pas payé ce vin plus d'une livre...
Enfin, que voulez-vous ? Il faut boire pour vivre.
Irai-je, comme un sot, dans ma fleur, me sécher ?...
Oui, mais le déficit ?... Tiens, je vais me coucher.

Il se lève

O mon oncle, pardon ! pardonne, oncle Grégoire,
Si ce que je vais dire offense ta mémoire,
Mais tu ne m'as pas fait un splendide cadeau
En me laissant ton fonds d'herboriste. « Tout beau, »
Me disais-tu souvent. « Sache qu'un herboriste
Est, socialement, au-dessus d'un artiste.
Herboriste, vois-tu, c'est presque un pharmacien !
Tandis qu'un histrion, qu'est-ce ? presque un vaurien.
Fais comme moi, Pierrot, un jour tu seras riche,
Peut-être marguillier ! » Je disais : « Je m'en fiche ! »
Mais ce n'était pas vrai, je ne m'en fichais pas.
Si bien que, l'an dernier, quand de vie à trépas
Mon oncle étant passé me laissa sa boutique,
A mes vieux compagnons j'eus bientôt fait la nique.
Le repas des adieux pourtant fut magnifique...
Les dames, au dessert, pleuraient ! mais ce coquin,
Que je ne puis souffrir, et pour cause, Arlequin,

Se jetant à mon cou d'une mine mauvaise,
Laissa bien voir au fond combien il était aise...
Et pourtant envieux... envieux ! et de quoi ?
L'héritage n'est pas si merveilleux, ma foi !
Il n'en maudit pas moins ma fortune nouvelle
Par crainte de l'effet opéré sur sa belle....
Dam ! j'ai pignon sur rue, il suffit : j'ai du bien.
— Comment donc se douter que le reste n'est rien ? —
Et dame Colombine est gourmande, coquette,
Ambitieuse ! un rien peut lui troubler la tête...
Mais belle, avec cela ! quels yeux et quels appas !
Pierrette est bien jolie... elle ne la vaut pas,
Et je troquerais bien, si c'était à refaire.
Ah ! si je devenais enfin millionnaire !
— Un petit million — ou sorcier, seulement !...
Bast ! je vais me coucher : le bien vient en dormant.

*Il tire le rideau du lit, et se couche. A travers le vitrage de l'alcôve, la
lune, qui vient de se lever, projette un de ses rayons sur la figure
du dormeur. Musique douce au dehors, puis une voix de femme.*

LA VOIX

Au clair de la Lune,
Mon ami Pierrot,
Prête-moi ta plume
Pour écrire un mot.
Ma chandelle est morte,
Je n'ai plus de feu !
Ouvre-moi ta porte,
Pour l'amour de Dieu !

PIERROT, *réveillé*

Tiens, qu'est-ce que j'entends ?... Serait-ce la Fortune
Qui veut entrer chez moi dans un rayon de lune ?

Il va ouvrir.

SCÈNE II

PIERROT, UNE VIEILLE

LA VIEILLE

Peut-être.

PIERROT

Entrez, Madame. Asseyez-vous un peu.
Il reste sous la cendre encore assez de feu :
Je vais le rallumer... Voilà de la chandelle.
Voici mon encrier, ma plume...

LA VIEILLE

                    Quel modèle,
Pour l'hospitalité, que mon ami Pierrot !

PIERROT

Maintenant à loisir écrivez votre mot :
Je vais me recoucher. Bonne nuit !

LA VIEILLE

                    Il sommeille !
Je puis laisser tomber cette cape de vieille
Qui dérobe aux regards des profanes mortels
La fleur de mes vingt ans, à jamais éternels !
Car je suis une Fée, et j'ai nom Camomille ;
Déesse, s'il vous plaît, et pourtant bonne fille.

Aussi je m'intéresse à ce pauvre garçon
Dont la mère était Fée aussi... C'était Françon.
Mais son vrai nom pour nous était sœur Réguinguette.
Pauvre sœur ! résignée à briser sa baguette
Pour le père Pierrot qu'elle aimait follement,
Elle sacrifia le Ciel à son amant,
Et mourut, n'étant plus qu'une simple mortelle
Soumise, comme tous, à la loi naturelle !
Pierrot n'a pas connu sa mère, mais je veux
Qu'il soit riche, étant fils de fée, et très heureux.
Plus riche que ne fut jamais l'oncle Grégoire :
Il gagnait quelque argent, mais c'était pour le boire.
Elle s'approche du lit de Pierrot et fait mine de le bercer en dormant.

Air populaire

Dors, mon petit Pierrot,
Je t'apprendrai la vertu des Simples.
Fais dodo, mon petit Pierrot,
Je te donnerai voiture et chevaux.
Elle se penche sur le lit de Pierrot, pour s'assurer qu'il est bien endormi.
Maintenant, changeons de musique.
Attention !
Voici le grand morceau de l'incantation,
Et la scène cabalistique !
Vous, Fadettes, Fadets de la Terre et de l'Air,
Esprits, tombés du Ciel, ou sortis de l'Enfer,
Accourez à ma voix, et vite, vite, vite !
Je vous invite !
Murmurez vos chansons ! que vos légers accords,
En soutenant ma voix, secondent mes transports !

Danse des Fadets

O fleurs qui reposez dans ces bocaux de verre
Avec épitaphe en latin,
Guirlandes de bouquets qui, du soir au matin,
Vous balancez à la poussière,
Chapelets de mourons pour les petits oiseaux,
Tiroirs emplis de vulnéraire,
Racines qui séchez au fond de ces tonneaux
Sans espoir aux sucs de la terre,
Écoutez-moi !

Reine des *Simples*, la plus belle,
Par ma baguette et sur ma foi,
C'est moi qui vous appelle,
Écoutez-moi !
Je suis votre sœur immortelle.
Jadis filles du ciel,
Qui buviez la rosée
Tamisée
Au fond des coupes d'or où je mêlais le miel,
Aujourd'hui sèches et flétries,
Dans des boîtes, comme momies,
Ranimez-vous !
Du Temps et des Saisons cruelles,
Ne craignez pas, mes belles,
Ne craignez pas le terrible courroux.

*Dégagés des pétales brisés et des étamines en poussière, les esprits des
fleurs flottent dans l'air. Peu à peu, leurs senteurs officinales font
place aux fraîches émanations du Renouveau. Ce sont comme des
effluves, des vibrations de parfums qui, de plus en plus pénétrants,*

finissent par devenir perceptibles pour l'oreille qu'ils caressent de légères ondes sonores.

Les Esprits des Fleurs

CHŒUR

Nous sommes l'âme des roses !
Sans corolles, sans boutons,
Dans la poussière des choses
Nous flottons !
Toute floraison se fane
Et pour les yeux du profane
Disparaît.
Mais toute essence se mêle
A la vie universelle
Et renaît !
Nous sommes l'âme des roses,
Sans corolles, sans boutons,
Dans la poussière des choses
Nous flottons !

LA FÉE

C'est bien, je vous remercie.
O les divins accents, ô les douces chansons
Dont l'ineffable mélodie
Associe
Les arômes avec les sons !
Mais il ne s'agit plus de calmants, de dictames,
De tisanes, de liniments :
Je vous donne pouvoir désormais sur les âmes !

Vous, remèdes de bonnes femmes,
Transformez-vous en talismans.

Musique

Il est un bouquin unique
Moitié magie et moitié botanique,
Où s'est accumulé le savoir des aïeux !
Manuel de sorcellerie
Qui fait le bien, le mal, au hasard de la Vie !...
Nous nous en servirons pour faire des heureux.
Oui, je vais, à l'œillet, à la menthe, à l'hysope
Redonnant, grâce à lui, leurs vertus et leurs prix
Et leurs mérites désappris,
Faire de cette pauvre échoppe
Une officine de Cypris !
Mais, mon pauvre Pierrot, ton humble boutiquette
Aurait bien besoin de toilette,
Il faudra tout changer, tiroir, bocal, tablette...
Et l'enseigne d'abord... Voyons : *Maison Pierrot*,
C'est bien. Mais je ne puis conserver : *Au Pavot*,
A moins de mettre après un adjectif : *magique.*
Au Pavot magique !

Ici, la Fée étend sa baguette et le mot magique apparaît sur l'enseigne.

Oui, c'est bien mieux. Je me pique
Avec ce titre-là d'attirer les chalands...

Chant du coq

Le coq !... d'en dire plus je n'aurais pas le temps.
Mais je m'en vais du moins, du bout de ma baguette,

Suggérer au dormeur les premiers éléments
Et les secrets de l'Art !

*Elle trace un grand cercle autour de Pierrot et y décrit des passes
    mystérieuses sur le rythme d'une musique fantastique qui se fait
    entendre en sourdine.*

> La leçon est complète.

Chant du coq

Encore ! alors, filons avant qu'il soit grand jour.

> *Exit.*

SCÈNE III

PIERROT *qui se réveille*

Jamais je n'ai dormi d'un sommeil aussi lourd...
Embelli cependant d'un agréable songe.

> *Il s'assied sur son lit.*

Hélas ! pourquoi faut-il que songe soit mensonge ?
Un être diaphane, ange ou fée, aux yeux bleus,
Laissait flotter sur moi l'or de ses blonds cheveux.
Et j'écoutais sa voix, qui sonnait, claire et pure,
Comme un filet d'eau vive, avec un doux murmure !...
Et c'était des conseils, des encouragements,
Des mots mystérieux de langues inconnues !...
Tout à coup un gros livre, où j'ai lu *talisman,*
S'est ouvert devant moi, comme tombé des nues,
Et je le feuilletais, avec ravissement,
Et la voix me disait : « La voilà, la Fortune
Qui descend jusqu'à toi dans un rayon de lune !...

> *Il se lève*

Chimère de bonheur qui berce le sommeil
Et vite se dissipe à l'heure du réveil !

J'ai rêvé, voilà tout : ma fortune est la même.
Colombine jamais ne voudra que je l'aime.
Et Pierrette d'ailleurs ne s'y prêterait pas...
Pauvre Pierrette ! certe, elle a quelques appas.
Je l'aime... et cependant, ô faiblesse suprême !
Je ne sais pas pourquoi, ce n'est plus comme avant...

Il s'approche de la cheminée.

Tiens, pourquoi cette table ?... et ce fauteuil devant ?
Ma plume ?

Il prend la plume.

Ce papier ?

Il prend le papier.

Cette écriture étrange ?...
J'y suis : c'était la vieille... et la vieille, c'est l'ange.

Il lit.

A Monsieur Pierrot, propriétaire-gérant du « PAVOT MAGIQUE »
Magique !

Il jette les yeux sur l'enseigne.

Tiens, c'est vrai. Quel mot pour la pratique !
Rien qu'avec ce mot-là, je remplis la boutique.
Quel succès je prévois ! quels vastes horizons !

Lisons :

« Au clair de la lune,
Mon ami Pierrot
M'a prêté sa plume
Pour écrire un mot.
Ce mot sera sa fortune !
Le voici : »
— Merci !

Il lit. « JÉRUSALEM. 1789 AVANT J.-C. CHEZ BARABAS, PRÈS DU TEMPLE. Traité des Talismans, ou répertoire de toutes les plantes, connues ou inconnues, étudiées au point de vue de leurs propriétés surnaturelles et de leur action secrète sur les mouvements du cœur et de la volonté, avec la manière de s'en servir. Ouvrage introuvable, dont il ne reste plus qu'un seul exemplaire complet, avec catalogue et tarif, devenu il y a déjà longtemps la propriété des Fées, dont il a fait la Fortune. Il suffirait d'en avoir la possession et la connaissance pendant 24 heures pour être à jamais riche et puissant.

» Sera prêté à Pierrot pour un an, à condition qu'il en usera avec sagesse, et seulement dans l'intérêt de la prospérité commerciale du *Pavot magique.* »

— Signé : la Fée CAMOMILLE.

Le joli nom, la brave fille !

Que c'est bien ce qu'elle a fait là !

Mais le Livre, le Livre ? où donc est-il ? ..

Un énorme in-folio, relié de deux ais en bois, avec coins en fer et serrure où pend un bout de chaine, devient tout à coup visible sur le bureau où il s'ouvre avec fracas.

Voilà !

Il chante

Air de Robert le Diable

J'aperçois ce bouquin, talisman redouté

Qui va me donner en partage

Et la richesse et la félicité !-..

Parlé Et maintenant tâchons d'en tirer bon usage.

SCÈNE IV

PIERROT, PIERRETTE

Pierrot, accoudé sur le Livre, s'est absorbé dans sa lecture. Pierrette entre dans la boutique en chantant. Pierrot ne lève pas la tête.

PIERRETTE

Air ancien *

Il n'est point d'amour sans peine
Ni sans amour de plaisir !
Quelque soin qu'un amant prenne
Pour être heureux sans souffrir,
Il n'est point d'amour sans peine
Ni sans amour de plaisir !

*Tout en chantant elle a tourné plusieurs fois la tête du côté de Pierrot,
non sans donner quelques signes d'impatience.*

Bonjour, Pierrot.

PIERROT, *il se contente de lever la tête*

Bonjour, Pierrette.

PIERRETTE

Comment va le bergerot ?

PIERROT, *distrait*

Comment va la bergerette ?

PIERRETTE

Moi, Pierrot, je ne vais pas bien.

PIERROT, *il se lève vivement*

Qu'est-ce donc ?

PIERRETTE

Ce ne sera rien.
Mais tu m'as fait de la peine :
Ça m'a donné la migraine.
Et c'est même pour ça que je venais te voir...
N'aurais-tu pas quelque graine ?...

* Chanson de Lambert (beau-père de Lulli), 1650.

PIERROT, *gravement*

On dit beaucoup de bien de l'eau de radis noir
Ou d'une infusion de fleurs de marjolaine...
A moins que... quelle idée ! essayons mon pouvoir
Et voyons si la Fée a dit vrai...

Il retourne s'asseoir à la même place.

La migraine
N'est ici qu'un effet. La cause, c'est la peine.
En supprimant la cause, on supprime l'effet.
Et la peine, voyons, quel en est le sujet ?
Un grain de jalousie, un excès de tendresse.
Consultons ce produit de l'antique sagesse.

Il ouvre le livre.

Voyons. Chapitre I « *Des divers sentiments* ».
Voir au Chapitre II « *Recettes, traitements* ».
J'y suis, attention.

PIERRETTE, *impatientée*

Quel est donc ce grimoire,
Que l'on ne vit jamais chez ton oncle Grégoire ?

PIERROT

Tais-toi, petite sotte, et ne me parle pas.
Depuis l'oncle Grégoire on a fait un grand pas.

PIERRETTE

Petite sotte, moi ! Quel ingrat... C'est dommage.

PIERROT

Pierrette, ne dis pas du mal de cet ouvrage
Car il va te guérir. Laisse-moi seulement
Découvrir ton affaire et tu verras...

PIERRETTE

Vraiment,

A ton aise.

Elle sort un moment.

PIERROT, *sans s'en apercevoir*

Voyons : **Absinthe**... **Citronnelle**...
Tourment d'amour... pas ça ! **Dictame, Fraxinelle** :
Vous m'enflammez !... pas çà ! **Jonquille**... moins encor !
Voici ce qu'il me faut, c'est la **Corbeille d'or** :
Le calme de l'esprit !... ou bien encor, que sais-je ?
La **Menthe**... la **Guimauve**... ou la **Boule de neige**,
Trois fleurs dont le principe est la *tranquillité*.
Prendrons-nous le **Houblon**, *insensibilité ?*
Non, c'est aller trop loin. Il suffit que Pierrette...
Je m'entends... le **Glaïeul**... bon ! je tiens la recette.
Un scrupule de poudre, un soupçon de vin blanc...
Et c'est fait : calme plat, subit apaisement.
Essayons tout de suite... eh ! bien, où donc est-elle ?
Oh ! la petite masque et la folle cervelle !...
Pierrette !

PIERRETTE

Me voilà. Je prenais le grand air.

PIERROT

Prends ça plutôt. C'est bon, légèrement amer,
Mais parfait, excellent pour la céphalalgie.

PIERRETTE

C'est toi qui dis cela.

PIERROT

Non. C'est l'astrologie !

PIERRETTE, *après avoir bu*

Tiens, je me trouve mieux ! beaucoup mieux ! grand merci
Je suis calme, tranquille... et n'ai plus de souci.
Que te dois-je, Pierrot, pour cette médecine ?

PIERROT

Le prix est d'un baiser pour les dames, cousine.

PIERRETTE, *riant*

Un baiser, c'est bien cher !

> *Elle tend sa joue*

Mais quel apaisement
Soudain s'est fait en moi ! C'est étrange vraiment.
Ton livre est donc sorcier ?

PIERROT

Un tantinet, Pierrette.
Il guérit tous les maux dont nous souffrons.

PIERRETTE

Mazette !...

Je vais conter la chose à ce pauvre Arlequin.
Bonjour, Pierrot.

PIERROT

Bonjour.

SCÈNE V

PIERROT

Qu'il vienne, ce coquin !
Et je l'arrangerai... Faquin, vil acrobate !
Car je suis le plus fort ; je ne crains plus sa batte.

Plus de doute en effet, je change les humeurs ;
Je gouverne les sens ; je suis maître des cœurs !...
Et comme l'a bien dit ce grand homme que j'aime :
La clef des coffres-forts et des cœurs, c'est la même.

La toile tombe

ACTE II

Même décor. Seulement la boutique a été remise à neuf : boiseries noir et or, tiroirs dans le soubassement, bocaux sur les rayons, avec de grandes étiquettes rouges. Sur les deux premiers bocaux on peut lire : *Berlingots enchantés, mille écus la douzaine.* L'alcôve du fond a disparu, ainsi que les guirlandes de pavots et les chapelets de fenouil et de lavande. Sur l'enseigne, du côté intérieur, un grand pavot rouge sur fond noir avec ce mot au-dessous *magique.*

Au lever du rideau, une légion de petits pierrots, avec livrée aux armes du *Pierrot magique,* balaient et époussètent la boutique qu'ils s'apprêtent à ouvrir sous les ordres d'Alcofribas.

SCÈNE I

ALCOFRIBAS, Petits Pierrots

CHOEUR, *air populaire*

Pierrot tient une boutique
Plus belle que les palais !
Il enseigne la physique
A tous ses petits valets
Vive Pierrot (*bis)*
Vive la boutique du Pavot.

ALCOFRIBAS

Allons, dépêchez-vous. Faites vite, gamins.
Solennellement
Le maitre de céans en ces lieux va se rendre !
Changeant de ton
Combien vous reste-t-il de pastilles à vendre ?

2

PREMIER PIERROTIN

Un quintal.

ALCOFRIBAS

C'est trop peu. Chez tous nos freluquets
C'est la mode à présent d'en avoir plein les poches.
Et combien reste-t-il, dites-moi, de cornets?

DEUXIÈME PIERROTIN

Deux mille.

ALCOFRIBAS

Hum!... vous verrez, nous aurons des reproches
Cours au laboratoire.., et vous, aux magasins.
On entend déjà dans la rue
La cohue
Des amateurs et des voisins!

SCÈNE II

LES MÊMES, PIERROT. Au dehors, Clients et Curieux

Pierrot entre gravement, à pas comptés, en jetant un regard sur les préparatifs de la journée. Il est décoré de plusieurs ordres.

CHŒUR DANS LA RUE

Air : « Au clair de la Lune »

Au Pavot magique
Nous venons en chœur,
Vive la boutique!
Vive le Docteur!
Ton art réconforte
Les jeunes, les vieux.

Ouvre-nous la porte
Pour l'amour de Dieu!

PIERROT

Eh bien, vous entendez. Qu'on ouvre la boutique!
Et laissez, un à un, pénétrer la pratique.

SCÈNE III

LES MÊMES, ARLEQUIN

ARLEQUIN

Bonjour, monsieur Pierrot.

PIERROT

Eh! bonjour, Arlequin.
Pourquoi me donnes-tu du monsieur ?... *(à part)* le faquin !

ARLEQUIN

Dame ! te voilà riche à présent, et célèbre !

PIERROT

C'est çà qui t'a donné cette mine funèbre ?

ARLEQUIN

Non. Mais l'on m'a parlé de philtres merveilleux
Dont tu possèdes seul le secret précieux...
Et je voudrais...

Air de La Coupe du roi de Thulé *

Hélas! je vois mon amour dédaigné.
La Destinée a mal fait toute chose !

* Opéra de Diaz.

Oui, j'ai souffert, et mon cœur a saigné :
Ayant l'épine, il n'a pas eu la rose !
Sur son cœur, dans les bras d'un amour infini,
Je voudrais vivre heureux, souriant et béni !

PIERROT

Il est fou, ma parole !
Voilà qu'il barytonne à présent.
Je ne te savais pas un si joli talent.

ARLEQUIN, *modestement*

Que veux-tu, mon ami? La musique console.

PIERROT, *ironique*

Et qui donc consoler? Toi, le bourreau des cœurs,
Qui ne peut d'une belle endurer les rigueurs !

ARLEQUIN

Il est vrai : j'adore les belles
Et j'avais jusqu'ici peu trouvé de cruelles...
Mais Colombine rit !... elle ne se rend pas !
Et je brûle, en lorgnant ses trop chastes appas.
Si tu pouvais...

PIERROT

J'entends. Mais pour te rendre aimable,
Ou, pour mieux dire, aimé, Dam ! c'est de l'or potable
Qu'il faudrait te donner, et cela coûte cher.
As-tu beaucoup d'argent ?

ARLEQUIN, *après s'être fouillé*

Trois sols.

PIERROT

Eh bien, mon cher,

Je n'ai pas oublié notre vieille hantise,
Et je vais te donner gratis ma marchandise.

ARLEQUIN

Pierrot, si tu fais çà, tu ne feras pas peu.

PIERROT, *à part*

C'est égal, je suis bien charmé de son aveu.

ARLEQUIN

Ah! je t'ai méconnu... mais ma reconnaissance

PIERROT

Oui, je sais. Que veux-tu? Ce sera ma vengeance.
Tiens, mon sensible ami, tu vois ces deux bocaux,
Et dedans, ces bonbons, parfaitement égaux :
Berlingots enchantés, mille écus la douzaine.

ARLEQUIN

Mille écus !

PIERROT

      C'est pour rien ! Ils insufflent la haine
Ou l'amour...

ARLEQUIN

   Mille écus !

PIERROT

           C'est un peu cher pour toi :
Je t'en offre un pour rien. Croque-le sans émoi
Et dis à haute voix — la formule est certaine —
Une telle, le nom, *tu n'aimeras que moi.*
Et c'est fait. Tu le vois, ce n'est pas difficile.

ARLEQUIN

Et je te soupçonnais... Ah, sot, triple imbécile !
Mais dis-moi, cher ami, cet ensorcellement
Qui par là se produit, à ton commandement
Ça dure... ?

PIERROT

      Aussi longtemps que la personne atteinte
N'a pas, bon gré mal gré, d'elle-même ou par feinte,
Pris le contrepoison.

ARLEQUIN

Quel est-il ?

PIERROT

          Le voilà
C'est le vin que contient cette fiole-là ;
Du vin blanc, où j'ai fait macérer des carottes.

ARLEQUIN, *avec admiration*

Vraiment ?...

PIERROT

      C'est le meilleur de tous les antidotes.
Et maintenant prends vite un bonbon...

Il soulève le couvercle du bocal numéro 2.

          Et bonsoir.
Le public, tu le vois, assiège le comptoir,
Et me réclame. Adieu.

ARLEQUIN

Grand merci.

PIERROT

          Bon espoir !

SCÈNE IV

LES MÊMES, PIERROT

PIERROT

Oui, compte là-dessus!... le drôle s'imagine
Que je vais bonnement lui livrer Colombine.
Quelque sot!... *(riant)* le bonbon qu'il emporte avec soin
Contient — de vous le dire il n'était pas besoin —
Les extraits concentrés des noires jusquiames,
Des pavots, de l'ortie — un venin pour les âmes! —
Je n'ai pas observé de répercussion
Plus forte!
　　　Il soulève le couvercle du bocal numéro 1 et prend un bonbon.
　　　　　　Cependant, à ton intention,
Colombine, je croque — ô la douce espérance! —
Ce bonbon où l'Amour distilla son essence.
Enfin, tu ne peux plus me fuir!... Plus de souci!
Dans un quart d'heure au plus elle doit être ici.

SCÈNE V

LES MÊMES, un jeune homme, puis un domestique, puis une petite paysanne.

Le jeune homme s'est entretenu avec Alcofribas, pendant le monologue de Pierrot.

ALCOFRIBAS

Monsieur, un homme est là que l'amour désespère.
Il demande un calmant...

PIERROT, *doctoralement*

Extrait de fumeterre.

ALCOFRIBAS

La petite Comtesse éprouve une douleur
Violente, qui tient la région du cœur,
Depuis l'embarquement d'un cousin qu'elle adore?

PIERROT

Donne du bouillon blanc, ou de la mandragore.

LE DOMESTIQUE

Salut au grand Docteur! Mon maître, le Baron,
Demande pour ce soir cinq ou six philtres.

PIERROT

Bon.

A la petite paysanne qui suit le domestique
Et toi, la belle enfant ?

LA PETITE

Vous avez des pastilles
Bien bonnes, que l'on dit, à l'usage des filles
Qui veulent un galant ?...

PIERROT

Mais pourquoi donc ce soin ?

Il lui tape sur la joue
L'art n'est pas fait pour toi, tu n'en a pas besoin.

SCÈNE VI

LES MÊMES, COLOMBINE

PIERROT

Mais voici Colombine!... O amour, qu'elle est belle
A Alcofribas, à demi voix
Alcofribas, tu vas servir la clientèle

COLOMBINE, *chantant*

Air ancien *

Aime-moi, beau page
Et je t'aimerai.
Ne sois pas volage
Je ne le serai.
Ah ! que l'amour est gai
Le joli mois de Mai !

PIERROT

*Il s'est approché par derrière de Colombine, et fait mine de lui
saisir la taille en chantant.*

Mon cœur et ma vie
Je te donnerai
Jamais d'autre amie
Je ne servirai !

ENSEMBLE

Ah ! que l'amour est gai
Le joli mois de Mai !

COLOMBINE, *se dégageant*

Bonjour, Monsieur Pierrot. Comme c'est beau chez vous !
Les beaux meubles ! que d'or !

PIERROT

Colombine, il m'est doux
De te voir dans ce cadre où ta beauté friponne,
Comme un pastel de Greuze ou de Latour, rayonne.

* Chanson de J. Lefèvre, 1613.

Mais, dis-moi, qui me vaut le bonheur de te voir,
Toi, si rare ?

COLOMBINE

Je fuis, si tu veux le savoir,
Ce grand sot d'Arlequin qui m'ennuie et m'assomme.
Mon Dieu! je l'aime bien, malgré tout, le pauvre homme.
Mais depuis demi-heure il ne me lâche pas,
Toujours sur mes talons... je ne puis faire un pas...
Il m'agace!

PIERROT

(A part) Fort bien. C'est mon petit manège
Dont l'effet se produit... aimable sortilège!
(Haut) Je te plains Colombine... et même je fais mieux...

COLOMBINE

Oh! ne te gêne pas, je t'aime aussi, mon vieux,
Et, je ne sàis pourquoi, force m'est de le dire...

PIERROT

(A part) Moi je sais *(Haut)* Eh bien, oui, pour toi mon cœur soupire
Et tu viens d'un seul mot de combler tous mes vœux.
Tu m'aimes, Colombine?

COLOMBINE

Oui, Pierrot, sois heureux!

PIERROT

Alors, vive la joie et les fleurs, ma petite!
Allons nous promener... tiens, veux-tu? Je t'invite.

Il se met à chanter et à danser, entrainant Colombine qui en fait autant

(Air ancien *)

J'allais au marché ce matin
Pour faire quelque emplette.
J'ai rencontré dans mon chemin
Une jeune fillette.
Allons au bois, brunette,
Allons cueillir la violette !

COLOMBINE

Si nous étions allés au bois,
Répondit la fillette,
Peut-être que vous feriez choix
De quelque autre fleurette !
Allons au bois, brunette,
Allons cueillir la violette

Ils sortent en se tenant par la main, toujours chantant et dansant

SCÈNE VII

ALCOFRIBAS

ALCOFRIBAS, *qui s'est arrêté stupéfait sur le seuil du laboratoire,
laisse tomber une pile de cornets qu'il tenait à la main*

Ils vont cueillir la violette !...
Tiens, c'est drôle !... Après çà, peut-être en manquons-nous.
Où ça se cueille-t-il ? Dans les bois, sous l'herbette...
Il eût pu m'en charger... ce doit être fort doux.

* *Brunette*, 1650.

SCÈNE VIII

ALCOFRIBAS, ARLEQUIN

ARLEQUIN

Il entre les bras croisés, sombre, sans voir personne

Il n'est que trop prouvé, je suis un cornichon !
Un benet ! Mais Pierrot, comment le nommerai-je ?
Pour le qualifier, il faut rimer en *chon*...
Disons plutôt un *pig !*... pour éviter *cochon*...
— C'est le seul mot d'anglais que j'appris au collège.
Le tour qu'il m'a joué ne se pardonne pas.
Ah ! traître, scélérat, essence de canaille,
Satrape, Lestrigon, Pitre, Judas, Gueusaille !...
— Tout ça, c'est du français — Mais je vais de ce pas
Pour me venger, coquin aux ruses non pareilles,
Éventrer tes tiroirs, saccager tes bouteilles,
Et, délicatement, cueillir tes deux oreilles !

ALCOFRIBAS

Un instant, cher monsieur ; c'est ce qu'il faudra voir
Quand le maître est absent, je garde le manoir.

ARLEQUIN

Toi, monsieur du Pavot !

ALCOFRIBAS

        Moi, monsieur l'acrobate.

ARLEQUIN

Ah ! peccaïre ! Sais-tu que d'un coup de ma batte
Je démolis les tours, je romps les bataillons !
Je pique les chevaux, comme des papillons !

ALCOFRIBAS, *froidement*

Dites les éléphants.

ARLEQUIN

Le mot est trisyllabe

ALCOFRIBAS

C'est dommage, vraiment !

ARLEQUIN

Ah, ah! monsieur se gabe.

Eh bien, défends-toi, drôle ! *il fait mine de lui porter un coup.*

ALCOFRIBAS

Aux armes, mes enfants !

Entrée d'une nuée de petits pierrots, armés de seringues. Ils font le tour de la scène, qu'ils arpentent à grandes enjambées, en chantant

CHOEUR

de l'Amour médecin *

Sans nous les hommes
Deviendraient malsains
C'est nous qui sommes
Les vrais médecins !

ALCOFRIBAS

C'est bien. Serrez vos rangs !
Pileurs et tamiseurs, braves pharmacopoles,
Présentez par le bout vos fières espingoles
Qui ne reculent pas : elles en ont tant vu !...
Arlequin est plus laid !...

ARLEQUIN

Il faut être pourvu

* Opéra de Poise.

Certes, d'une impudence à nulle autre seconde,
Pour oser me combattre avec cette arme immonde

ALCOFRIBAS

Va-t'en !

ARLEQUIN

Je n'ai pas peur : j'ai du sang espagnol !

ALCOFRIBAS

Eh qu'importe !... *Montrant les seringues*
Elles sont pleines de vitriol.

ARLEQUIN

Ah ! ce n'est pas de jeu *. Je n'en suis plus. Mazette !
Que dirait Colombine, et que dirait Pierrette ?

ALCOFRIBAS

Colombine est partie avec monsieur Pierrot
Elle ne dira rien.

ARLEQUIN

Pierrot !... Ah ! triple sot !
Quel jour mêlé d'horreur vient éclairer mon âme !
Le coquin ! plus de doute, il m'a volé ma femme
Il tombe comme anéanti sur une chaise.

ALCOFRIBAS

Eh bien, puisque voilà tombé ce grand courroux,
Dites-moi vos griefs. Voyons, expliquons-nous.

* Ici, le jeu de l'acteur chargé du rôle d'Arlequin devra rappeler comiquement l'attitude de Méphistophélès dans la scène du Choral des Épées de *Faust*.

ARLEQUIN

De grand cœur. Écoutez et jugez : Colombine
Bien qu'elle m'aime... au fond, me faisant grise mine
Trop souvent ! Je me dis : faut aller au Pavot
Consulter là-dessus notre illustre Pierrot
— Ça, me dit le Docteur, c'est une faribole !
Croque-moi tel bonbon, dis-moi telle parole,
Et Colombine va brûler comme un tison.
Tu t'en plaindras bientôt... pour une autre raison —
J'obéis. Je reviens vite auprès de ma belle
Plein d'espoir ! Ah bien, oui ! une affreuse querelle !
On se sauve !

ALCOFRIBAS, froidement

Ceci prouve tout simplement
Que le charme n'a pas agi suffisamment
Il arrive souvent qu'il faut doubler la dose ;
Tous les tempéraments ne sont pas même chose.
Il fallait deux bonbons... et voilà tout le mal.

Alcofribas va prendre un bonbon dans le bocal numéro 1.

ARLEQUIN, à part

Ah, ah ! il ne prend pas dans le même bocal...
Tout s'explique !...
    Avec rage   Ah ! Pierrot, tu m'as pris Colombine
Eh bien, je te la laisse, et je prends ta blondine...
Et je l'aime !... D'abord elle a de plus grands yeux...

Elle, de son côté, m'aimera...

Il croque le bonbon

Je le veux !

A Alcofribas

Et toi, rassure-toi. Désormais, tout s'arrange.

Aux porte-seringues

Vous pouvez désarmer.

SCÈNE VIII

Les Mêmes, PIERRETTE

PIERRETTE

Pardon, je vous dérange

ARLEQUIN, *empressé*

Non ! avec des appas, des yeux comme les tiens,
On ne peut déranger que les aveugles.

PIERRETTE

Tiens !

Arlequin est galant aujourd'hui

ARLEQUIN

Mais, friponne,
Je t'ai toujours trouvé la plus gente personne
De notre compagnie...

PERRETTE

Eh bien, moi, j'avais peur...
Dans les commencements ; je te trouvais grondeur,

Triste, envieux, jaloux, un peu trop matamore...

ARLEQUIN

Jadis... et maintenant?

PIERRETTE, *avec un élan subit*

Maintenant, je t'adore

ARLEQUIN, *transporté*

Ah! ton cœur a fini par deviner le mien :
Tu seras ma gaieté, mon bonheur et mon bien!
Et le passé n'est plus pour moi que lettres closes.

PIERRETTE, *tendrement*

Pauvre Arlequin! pour toi la vie a moins de roses
Que d'épines, je sais. Mais il est entendu
Que nous rattraperons tous deux le temps perdu.

ARLEQUIN

Alors, vive la joie, ô ma chère petite
Allons-nous promener... tiens, veux-tu? je t'invite.

*Il se met à chanter * et à danser, entraînant Pierrette qui en fait autant*

J'allais au marché ce matin
Pour faire quelque emplette.
J'ai rencontré dans mon chemin
Une jeune fillette.
Allons au bois, brunette,
Allons cueillir la violette!

* La même Brunette que celle de la page 31.

3

PIERRETTE

Si nous étions allés au bois,
Répondit la fillette,
Peut-être que vous feriez choix
De quelqu'autre fleurette !

ENSEMBLE

Allons au bois, brunette,
Allons cueillir la violette.

*Ils sortent en se tenant par la main exactement comme Pierrot et
Colombine, à la fin de la scène V.*

SCÈNE IX

ALCOFRIBAS

Même entrée qu'à la Scène VI : il laisse tomber une autre pile de cornets.

Comment ! ils vont aussi cueillir la violette !...
Certes, nous en aurons ample provision...
Mais voici le Patron. Ah ! mon Dieu ! quelle tête !
Quel air préoccupé ! quelle agitation !

SCÈNE X

ALCOFRIBAS, PIERROT

PIERROT

Il entre les bras croisés, sombre, sans voir personne

Me voici de retour. L'aimable Colombine...
Faut-il vous l'avouer ?... m'embête, m'assassine.
Je n'y comprends plus rien. Ah ! pauvre humanité,
Tes noms sont inconstance, oubli, fragilité.
Depuis bientôt trois mois je lorgne Colombine,

J'admire son parler, sa grâce, son humeur,
Un rayon de ses yeux illumine mon cœur !
Je la trouve superbe, adorable, divine,
Je vibre en la voyant jusqu'aux moëlles... pourquoi ?
Elle n'avait pas l'air de s'occuper de moi.
Aujourd'hui, la voilà qui se livre elle-même,
Elle vient me trouver, elle me dit : « Je t'aime »,
Je m'emballe d'abord *dolce, amoroso,*
Et puis, crac !... je retombe au-dessous de zéro.
Et, dans l'enivrement d'une telle conquête,
Je n'ai qu'une pensée... et je pense à Pierrette !
Pierrette... elle est si gente ! un si joli minois,
Un si simple parler... et la fraîcheur des pois !...
Mais voici bien longtemps que nous ne l'avons vue...
Dis donc, Alcofribas, elle n'est pas venue ?

ALCOFRIBAS

Qui donc ?

PIERROT

Pierrette.

ALCOFRIBAS

Si. Mais avec Arlequin
Elle vient de sortir tout à l'heure.

PIERROT

Ah ! coquin,
Faut-il sur mon chemin te retrouver sans cesse ?

ALCOFRIBAS

Mais, Monsieur, vous aviez emmené sa maîtresse.

PIERROT

Tiens, c'est vrai. Mais quel sot, quel étrange animal
Je suis... et pas le seul! Ce matin, sort fatal!
Fatigué d'être aimé... comme il faut que l'on aime!
Triple fat, imbécile, ennemi de moi-même,
J'administre à Pierrette un topique calmant...
Et ce soir!... mais j'y pense, Alcofribas, comment
Arlequin a-t-il pu déterminer Pierrette
A le suivre... Pourquoi?

ALCOFRIBAS

          Mais pour faire la fête.
Ils sont partis tous deux, bras dessus, bras dessous,
En chantant, puis dansant comme de petits fous!

PIERROT

Mais alors, elle aussi, ce n'est qu'une coquine!
Comment, elle chantait et dansait!

ALCOFRIBAS

               Justement
Comme avec vous tantôt faisait la Colombine.

PIERROT

Tiens, c'est vrai.

ALCOFRIBAS

      Le berger parlait d'aller au bois
    Pour y chercher une fleurette,
Et puis, toujours dansant, ils chantaient à la fois :
    Allons cueillir la violette!

PIERROT

Pierrette chantait ça ! Vraiment, c'est odieux !

ALCOFRIBAS

Même qu'elle chantait et qu'elle dansait mieux
        Et qu'elle avait meilleure mine,
        M'est avis, que la Colombine.

PIERROT

Voyons, Alcofribas, tu ne m'as pas tout dit.
Que venait faire ici cet Arlequin maudit ?

ALCOFRIBAS

Il venait tout briser, saccager la boutique
Pour se venger de vous et du Pavot magique.
Alors, pour apaiser son esprit irrité,
Sachant que le matin, touché de sa disgrâce,
Vous lui fîtes cadeau d'un bonbon enchanté
Dont l'effet n'avait pas été bien efficace,
J'en offris un second...

PIERROT, *avec violence*

Ah ! traître, où le pris-tu ?

ALCOFRIBAS

Mais là, dans ce bocal...

PIERROT, *avec un cri*

Le bon !... je suis battu !...
Et pas content !... courons... mais où ? Ah ! Camomille,

*Il tombe comme anéanti sur une chaise, la même où Arlequin s'était
        affaissé tout-à-l'heure.*

Quel cadeau tu m'as fait !...

SCÈNE XI

LES MÊMES, UNE VIEILLE

C'est la Fée sous sa cape de Vieille. Elle est entrée dans la boutique
où elle a entendu les dernières paroles de Pierrot, et vient se camper
devant lui, sans rien dire, le menton appuyé sur son bâton.

PIERROT, *qui a levé la tête*

C'est elle !

LA VIEILLE

Le bon drille !...
Comme il a bientôt fait d'abîmer sa famille !...
Toi, le fils d'une fée !...

PIERROT

Ah ! j'aimerais bien mieux
Être fils d'une gaupe, et pas si malheureux !
Pierrette en ce moment cueille la violette...
Ou la laisse cueillir !

LA VIEILLE

N'accuse pas Pierrette ;
Elle vaut mieux que toi. Son cœur s'est égaré
Par ta faute, mais tout peut être réparé :
Sur elle je veillais comme sur une fille ;
Tu peux te rassurer. Si quelque peccadille
S'est commise aujourd'hui, le coupable, c'est toi.
Ah ! tu méritais bien, sot, de subir la loi...
La loi du talion ; mais Pierrette est trop pure.
Laisse-moi maintenant te faire une lecture :

Elle prend sa lettre restée dans les feuillets du Livre

« Sera prêté à Pierrot pour un an, à condition qu'il en usera avec *sagesse*, et *seulement* dans l'intérêt de la prospérité commerciale du *Pavot magique*. »

En exécutant mieux mon ordre souverain,
Tu t'épargnais ce grand désespoir...

PIERROT

      C'est certain...

Ah! je t'obéirai désormais, je le jure...
Mais comment réparer cette sotte aventure?

LA VIEILLE

Laisse-moi faire. Viens, retirons-nous un peu,
Et cherchons le moyen de rétablir ce jeu
Que la main d'un enfant a brouillé.

La Fée entraîne Pierrot dans un coin derrière la porte du laboratoire.

SCÈNE XII

Les Mêmes, COLOMBINE

COLOMBINE

      Que veut dire

La fuite de Pierrot? Contre moi tout conspire.
Arlequin au logis n'a pas été revu.
On ne peut en avoir des nouvelles. Pourvu
Que quelque chère amie, en bonne camarade,
N'ait pas à ce nigaud conté mon escapade!

Du monde! Cachons-nous.

Elle se dissimule derrière un rideau

SCÈNE XIII

Les Mêmes, PIERRETTE, ARLEQUIN

PIERRETTE

Non, non, ce serait mal
De trahir un ami.

ARLEQUIN

Lui, le sot animal!
Il ne vaut pas un doigt de ta main, une tresse
De cette chevelure où l'or ruisselle!

PIERROT, *derrière la porte*

Espèce
De mécréant!

ARLEQUIN

Pierrot, vois-tu, n'est qu'un vaurien,
Qui se moque de tout, qui ne croit plus à rien.
Ta beauté, ta jeunesse et ta candeur si rare,
Pour lui, qu'est-ce? une scie, une vieille guitare!
Pour moi, c'est le bonheur, c'est le Ciel.

PIERROT

Le coquin!
Comme il parle!

PIERRETTE

Eh bien, non, je ne puis, Arlequin,

Car enfin j'ai promis...

ARLEQUIN

Et lui donc!

PIERROT

Quel faquin!

PIERRETTE

Non, il n'est pas si noir que tu dis,

COLOMBINE, *derrière le rideau*

Ame vile,

Comme il me trahissait!

PIERROT

Il m'échauffe la bile

Sortant de sa cachette avec une fureur contenue

Tiens, Pierrette! bonjour. Je salue Arlequin!

COLOMBINE, *même jeu*

Montrons-nous donc aussi. Salut, la compagnie!

ARLEQUIN, *après avoir regardé à droite, puis à gauche*

Pierrot est en courroux. Colombine en furie.
Comme ils vont me tomber dessus le casaquin!
Bonjour, mon bon Docteur; bonjour, Colombinette...
Je viens de rencontrer la cousine Pierrette...
Et nous parlions de vous... tout en vous attendant.

PIERROT, *il grince des dents*

Ah! vous nous attendiez.

ARLEQUIN

Mais, vraisemblablement.

Que ferions-nous ici, si ce n'est vous attendre ?

COLOMBINE, *entre ses dents*

Ah ! gibier de potence !...

PIERROT, *de même*

Il faudra le voir pendre !...
Enfin, ma bonté cède à ma juste fureur !...

ARLEQUIN

Le jour n'est pas plus pur que le fond de mon cœur.

SCÈNE XIV

LES MÊMES, UNE VIEILLE *(C'est la Fée qui est sortie sans être aperçue afin de préparer sa rentrée.)*

LA VIEILLE

Dieu soit loué ! je trouve enfin de bonnes âmes.
La Charité, Messieurs ! la Charité, mesdames !
Je défaille...

PIERROT

Venez. Mettez-vous sur ce banc...

De l'eau !

LÀ VIEILLE

Non, je préfère un verre de vin blanc.

PIERROT

Vous voulez du vin blanc ?

LA VIEILLE, *à voix basse et vite*

Oui, donne l'antidote.

PIERROT

Je comprends.

Il va prendre une fiole qu'il pose sur un plateau avec des verres.

Prenez ça.

LA VIEILLE

Merci ! Monsieur mon hôte,
De trinquer avec moi me ferez-vous l'honneur ?

PIERROT

Bien volontiers, Madame.

LA VIEILLE *à Colombine*

Et vous ?

COLOMBINE

Oh ! de grand cœur !

LA VIEILLE *à Arlequin*

Et vous ?

ARLEQUIN

Dam ! si ça peut faire votre bonheur !

LA VIEILLE *à Pierrette*

Et vous ?

PIERRETTE

On doit toujours honorer le malheur.

Ils boivent tous les quatre à la fois, après avoir trinqué avec la vieille. A peine ont-ils vidé leurs verres que Pierrette va se jeter dans les bras de Pierrot, en pleurant, et Colombine, en riant, dans les bras d'Arlequin. — En même temps, d'un léger mouvement d'épaule, la Vieille fait glisser à terre la cape qui dérobait aux regards la Fée Camomille.

TOUS

La Fée !

LA FÉE, *levant son verre*

Enfants, je bois à vos amours fidèles :
Ce qui veut dire heureux ! à l'amitié, mes belles !
A la paix de vos cœurs ! Écoute, ami Pierrot,
J'avais créé pour toi la *Maison du Pavot* :
Ensemble, croyez-moi, vivez dans ce fromage :
Il est bien assez grand, si tu sais être sage.

COLOMBINE

Si grand qu'on y pourrait danser un menuet.

LA FÉE

Eh ! bien, essayez-en, en guise de ballet.
Vous aurez de la sorte
Le divertissement que la pièce comporte.

PIERRETTE

Mais qui le chantera ?

LA FÉE

Moi-même, s'il vous plaît ?
De chanter nos vieux airs proprement je me pique...
Et que ne ferait-on avec cette musique ?

Menuet — Air ancien*

Enfants, de vos cœurs épris
Voici le prix !
C'est pour le Dieu d'amour
Le plus beau jour :

* L'insensible *(Parodies nouvelles* et *Vaudevilles inconnus,* 1735).

Il veut combler vos vœux,
Et, pour vous rendre heureux,
Forme les plus doux nœuds !
Tendre amour,
Viens en ce jour
Enchaîner leurs âmes.
Sur eux fais briller ta flamme !
C'est au pouvoir de tes traits,
Amour qu'on connait tes attraits.
Puissions-nous par ton secours
Dire toujours :
Enfant, de vos cœurs épris
Voici le prix !
C'est pour le Dieu d'Amour
Le plus beau jour
Il comble tous vos vœux
Des mêmes feux
Vous brûlez deux à deux !

*Dès les premières mesures du menuet, la boutique s'est remplie peu
à peu d'une foule de clients et de voisins.*

ALCOFRIBAS, *à la Fée*

Et maintenant, si vous le permettez, Madame
En avant les couplets ; faut un peu de réclame,

LA FÉE

Comment donc, il s'agit de notre cher Pavot !
Commencez, à la fin je paierai mon écot.

Ronde

ALCOFRIBAS

I

Mauve, anis, coquelicot,
Se voient ailleurs, en boutique.
Mais il n'est qu'un seul Pavot
Magique.

Au refrain, tous les personnages de la Féerie se donnent la main, et tournent en chantant :

Magique, magique, magique !

COLOMBINE

II

Vous qui préférez Margot
A quelque vieille héraldique,
Accourez tous au Pavot
Magique !

PIERROT

III

Voulez-vous un berlingot
Plus prompt qu'un boulet conique ?
Accourez tous au Pavot
Magique !

PIERRETTE

IV

Vous qui portez le flingot
Loin d'une amante héroïque,

Accourez tous au Pavot
    Magique !

ARLEQUIN

V

Vous dont un affreux magot
Souffle l'épouse pudique,
Accourez tous au Pavot
    Magique !

LA FÉE

VI

Et criez : Vive Pierrot !
Son personnel, sa boutique !
Honneur, succès au Pavot
    Magique !

La toile tombe

Meulan, imp. de A. MASSON.